JUNGE KÜCHE

Picknick

Compact Verlag

Abkürzungen

EL	Esslöffel	TK	Tiefkühl...
TL	Teelöffel	kcal	Kilokalorien
kg	Kilogramm	kJ	Kilojoule
g	Gramm	EW	Eiweiß
mg	Milligramm	F	Fett
l	Liter	KH	Kohlenhydrate
ml	Milliliter	Bd.	Bund
cl	Zentiliter	Msp.	Messerspitze
gestr.	gestrichen	1 kJ = 0,239 kcal	
geh.	gehäuft	1 kcal = 4,184 kJ	

Impressum

Alle Angaben wurden sorgfältig recherchiert, eine Garantie kann jedoch nicht übernommen werden.

Chefredaktion: Dr. Angela Sendlinger
Redaktion: Isabel Martins
Redaktionelle Mitarbeit: Julia Przeplaska
Produktion: Wolfram Friedrich
Umschlaggestaltung und Layout: Regina Rechter

ISBN 978-3-8174-6696-2
5366961

Besuchen Sie uns im Internet: www.compactverlag.de

Inhalt

Extra

Räucherlachssandwich mit Zaziki

FÜR 4 PERSONEN:

Für das Zaziki:
1 Gurke
2 Knoblauchzehen
250 g Magerquark
250 g Naturjoghurt
1 EL Zitronensaft
Salz
Pfeffer aus der Mühle
Für die Räucherlachs-sandwiches:
1 Gurke
8 Toastscheiben
150 g Meerrettich-frischkäse
500 g Räucherlachs

[Abb. Cover]

> Die Gurke schälen, in Stifte hobeln und diese gut ausdrücken. Das Gurkenwasser entfernen. Knoblauch schälen und fein hacken.

> Quark, Joghurt, Zitronensaft und Knoblauch unter die Gurkenraspel mischen. Das Zaziki mit Salz und Pfeffer abschmecken und für den Transport in ein Weckglas füllen.

> Für die Sandwiches die Gurke schälen und mit dem Sparschäler einige Streifen der Länge nach von der Gurke abschälen. Von den Toastscheiben die Rinde abschneiden und die Brote mit Meerrettichfrischkäse bestreichen.

> 4 Scheiben mit Räucherlachs belegen und darauf eine unbelegte Scheibe geben. Die belegten Toastscheiben quer halbieren und mit 2 Gurkenstreifen umwickeln, diese mit einem Holzspieß befestigen.

> Nährwerte pro Person:
369 kcal, 1544 kJ, 44 g EW, 12 g F, 21 g KH

Mögen Sie Ihr Zaziki noch sahniger? Dann verwenden Sie doch einfach mal griechischen Joghurt anstatt herkömmlichen. Er hat einen höheren Fettanteil und ist besonders mild.

Sandwiches, Wraps & Co.

JUNGE KÜCHE

Tramezzini mit Mandelmousse und Sprossen [Abb.]

FÜR 4 PERSONEN:

20 Cocktailtomaten
4 TL Mandelmousse
Paprikapulver
8 Scheiben Tramezzinibrot
4 kleine Gurken
Salz
Pfeffer
100 g Sprossen

> 8 Tomaten fein würfeln und mit dem Mandelmousse verrühren, mit etwas Paprikapulver abschmecken. Tramezzinischeiben mit der Mandelpaste bestreichen.

> Die restlichen Cocktailtomaten in dünne Scheiben schneiden, dabei die Stielansätze entfernen und die Scheiben auf der Hälfte der Tramezzinischeiben verteilen.

> Die Gurken schälen und längs in dünne Scheiben schneiden (am besten mit einem Sparschäler). Die Gurkenscheiben schleifenförmig auf den Tomaten verteilen. Leicht mit Salz und Pfeffer würzen.

> Darauf die Sprossen geben und mit der anderen Brotscheibe bedecken. Diagonal halbieren, mit einem Zahnstocher zusammenstecken und servieren.

> Nährwerte pro Person:
196 kcal, 820 kJ, 8 g EW,
5 g F, 28 g KH

Bagels mit Forellenfüllung [lecker kombiniert]

FÜR 4 PERSONEN:

8 Radieschen
125 g geräucherte Forellenfilets
4 Salatblätter
200 g Frischkäse
4 EL Milch
Salz
Pfeffer
Currypulver
4 Sesambagels

> Radieschen waschen, abtupfen und in kleine Würfel schneiden. Die Forellenfilets in Stückchen schneiden. Salatblätter waschen und mit Küchenpapier abtrocknen.

> Frischkäse mit Milch verrühren, Fisch und Radieschen untermengen. Mit Salz, Pfeffer und Curry pikant würzen.

> Bagels aufschneiden. Alle Hälften mit der Fisch-Käse-Creme bestreichen. Auf die unteren Bagelhälften je 1 Salatblatt legen und dann die anderen Hälften daraufsetzen.

> Nährwerte pro Person:
302 kcal, 1270 kJ, 21 g EW,
10 g F, 33 g KH

Lust auf etwas Fruchtiges? Dann variieren Sie die Fisch-Käse-Creme mit 2 EL gewürfelter Ananas.

Fladenbrottorte mit Auberginen und Paprika [mediterrane Art]

FÜR 4 PERSONEN:

2 Auberginen
je 1 rote, gelbe und grüne Paprikaschote
3 Tomaten
1 weiße Zwiebel
4 EL Olivenöl
2 TL getrockneter Oregano
1 Bd. Dill
200 g Feta
150 g Joghurt
1 rundes Fladenbrot
Salz
Pfeffer aus der Mühle

> Auberginen waschen, putzen und längs in ca. 1 cm dicke Scheiben schneiden. Paprika waschen, putzen, vierteln, entkernen und alle weißen Innenhäute entfernen. Tomaten waschen und in Scheiben schneiden. Zwiebel schälen und in Ringe schneiden.

> Backblech mit 2 EL Öl bestreichen, mit der Hälfte des Oreganos bestreuen und die Gemüsestücke und -scheiben darauf verteilen. Restlichen Oregano und übriges Öl darübergeben. Im vorgeheizten Backofen bei 200 Grad in 12 – 15 Minuten bissfest garen. Abkühlen lassen.

> Dill waschen und trocken schütteln. Die Spitzen abzupfen und mit Feta und Joghurt pürieren.

> Fladenbrot quer halbieren und aufklappen. Beide Hälften mit der Käsecreme bestreichen. Gemüse gleichmäßig auf der unteren Hälfte verteilen, mit Salz und mit Pfeffer würzen, die obere Hälfte darauflegen und leicht andrücken.

> Fladenbrot mit einem Brett bedecken, mit einer Konservendose o. Ä. beschweren und 1 – 2 Stunden ziehen lassen.

> Im Ganzen oder schon zum Servieren aufgeschnitten wie eine Torte transportieren.

> Nährwerte pro Person:
563 kcal, 2356 kJ, 25 g EW, 23 g F, 62 g KH

Dieses Gericht wird noch würziger, wenn Sie das Gemüse mit ein paar Kapernäpfeln und schwarzen Oliven aufpeppen. Entfernen Sie die Stiele der Kapernäpfel und halbieren Sie die Früchte. Bei den Oliven bietet es sich an, bereits entkernte zu verwenden.

Frittiertes Lachssandwich [Abb.]

FÜR 4 PERSONEN:

400 g norwegischer Lachs
Salz, Pfeffer
Mehl nach Bedarf
Eier nach Bedarf
Semmelbrösel nach Bedarf
Pflanzenöl
6 Scheiben Toastbrot oder Brot nach Wahl
Butter nach Belieben
Salatblätter nach Belieben
10 g rote Zwiebeln
60 g Sauce Tartare
Oliven, Mixed Pickles und Radieschen zum Garnieren

> Den Lachs in 4 gleich große Stücke teilen und mit Salz sowie Pfeffer bestreuen.

> Jedes der Lachsstücke erst in Mehl, dann in den verquirlten Eiern und abschließend in Semmelbröseln wenden. Danach in einer Pfanne in Öl goldbraun braten. Etwas abkühlen lassen.

> Das Toastbrot mit Butter bestreichen und nacheinander mit Salat, roten Zwiebeln und dem gebratenen Lachs belegen. Die Sauce Tartar darüber geben und alles mit einer zweiten Toastscheibe zudecken.

> Die Sandwiches nach Belieben in mundgerechte Häppchen schneiden. In Dosen verpacken und als Garnitur Oliven, Mixed Pickles und Radieschen dazugeben.

> Nährwerte pro Person:
717 kcal, 3000 kJ, 30 g EW, 46 g F, 48 g KH

Diese Sandwichvariante schmeckt auch mit frischem Thunfisch lecker.

Bagels mit Mais-Paprika-Mix [schnell]

FÜR 4 PERSONEN:

4 Sesambagels
4 EL Frischkäse
8 Scheiben luftgetrockneter Schinken (z. B. Serrano-Schinken)
8 EL Mais-Mix mit Paprika (Dose)
etwas frische Kresse

> Schneiden Sie die Sesambagels auf und bestreichen Sie jeweils die unteren Hälften mit Frischkäse.

> Drapieren Sie anschließend den luftgetrockneten Schinken wellenförmig auf den bestrichenen Bagels.

> Mais-Paprika-Mix abtropfen lassen und darauf verteilen.

> Schneiden Sie die frische Kresse und achten Sie darauf, die Blättchen mit möglichst wenig Stiel zu kappen.

> Schließen Sie die Bagels leicht schräg mit den oberen Brötchenhälften, sodass die Füllung noch herausblitzt.

> Nährwerte pro Person:
303 kcal, 1276 kJ, 20 g EW, 10 g F, 33 g KH

Putenwraps [Abb.]

FÜR 4 PERSONEN:

1 Packung Wraps (Fertigprodukt)
1 Avocado
Romanasalat-Blätter
1/2 Camembert
1 Kohlrabi
200 g geräucherte Putenbrust
Salz, Pfeffer
kalt gepresstes Olivenöl

> Die Wraps nach Packungsanweisung im Ofen, der Pfanne oder der Mikrowelle erwärmen.

> Avocado schälen, halbieren, Kern entfernen und in dünne Spalten schneiden. Salatblätter waschen und trocken schleudern.

> Camembert in Scheiben oder Würfel schneiden. Kohlrabi schälen, vierteln und in dünne Scheiben schneiden.

> Wraps nach Belieben mit Salatblättern, Putenscheiben, Camembert, Avocado und Kohlrabi füllen. Mit Salz und Pfeffer würzen und mit etwas Öl beträufeln. Fest einrollen und einmal diagonal durchgeschnitten in eine verschließbare Dose geben oder in Pergamentpapier wickeln.

> Nährwerte pro Person:
735 kcal, 3075 kJ, 38 g EW, 43 g F, 50 g KH

Auberginensandwich mit Minze [frisch]

FÜR 4 PERSONEN:

2 Auberginen (à ca. 250 g)
2 Tomaten
1 Zwiebel
3 – 4 EL Olivenöl
2 EL Zitronensaft
Salz
Pfeffer aus der Mühle
4 Salatblätter
4 – 6 Stängel Minze
8 Scheiben Sandwichbrot
4 EL Joghurt (10 % Fett i. Tr.)

> Auberginen mit einer Gabel von allen Seiten einstechen und dann im vorgeheizten Backofen bei 180 Grad in ca. 40 Minuten weich garen.

> Tomaten waschen und vierteln, dabei Stielansätze sowie Kerne entfernen. Das Fruchtfleisch hacken. Zwiebel schälen, halbieren und klein würfeln. Die Zwiebelwürfel mit Olivenöl und Zitronensaft bei milder Hitze 5 Minuten dünsten.

> Auberginen der Länge nach halbieren, Fruchtfleisch mit einem Löffel herauslösen und hacken. Zu den Zwiebelwürfeln geben und mit Salz und Pfeffer würzen. Weiterdünsten, bis die Flüssigkeit ganz eingekocht ist. Vom Herd nehmen und abkühlen lassen.

> Salatblätter und Minze waschen und trocken schütteln, Minzblättchen abzupfen und hacken. Zusammen mit den Tomaten unter die Auberginen heben. 8 Scheiben Sandwichbrot toasten.

> 4 Brotscheiben mit Salatblättern belegen und mit Auberginentatar bestreichen. Je 1 EL Joghurt auf die Creme geben, die Deckel auflegen, dann die Brote schräg halbieren und servieren.

> Nährwerte pro Person:
295 kcal, 1236 kJ, 10 g EW, 9 g F, 12 g KH

Picknick perfekt – alles was man dafür braucht

Picknicken kann man eigentlich immer und überall: Ob auf einer Waldlichtung, einem Berggipfel, im Park um die Ecke, auf einem Steg oder auf einem Boot – ein lauschiges Plätzchen findet sich schnell und der Appetit kommt an der frischen Luft ganz von allein.

Doch von dem Ort, an dem das Freiluftessen stattfindet, hängt einiges ab, so beispielsweise die richtige Ausstattung: Muss man alles etwas weiter tragen, sollte es eher puristisch und leicht zugehen.
Ist der Parkplatz nur wenige Meter vom Picknicktisch am Aussichtspunkt entfernt, kann Schönes auch mal Praktischem vorgezogen werden. Und wenn Sie das absolute Luxus-Picknick wollen, hilft nur eines: Einen Ort wählen, der möglichst gut zugänglich und doch romantisch ist!

Grundausstattung

Neben leckeren Snacks und erfrischenden Drinks braucht man zum Picknicken eigentlich nicht viel: Geschirr und Besteck, Gläser oder Becher und eine Decke oder einen Picknicktisch; an manch schönem Ort steht ein solcher schon, ansonsten kann eine Klappversion mitgebracht werden.

Transport leicht gemacht

Geeignete Gefäße und Verpackungen wie Kunststoffdosen, Schüsseln mit Deckel oder verschließbare Gläser, Pergamentpapier und Frischhaltefolie sorgen dafür, dass alles heil bleibt und auch am Zielort noch appetitlich aussieht.
Für welchen Behälter Sie sich entscheiden, hängt davon ab, wie weit die Speisen zu Fuß transportiert werden müssen. Denn verschließbare Gläser sehen zwar schön aus, sind aber meist auch schwer. Auf jeden Fall sollten Sie darauf achten, dass feuchte Speisen „auslauffrei“ untergebracht sind und Empfindliches nicht zerquetscht wird.

Praktische Helfer

Drinks behalten in Thermoskannen und in einer Kühltasche mit Kühlelementen eine erfrischende Temperatur. Säfte und andere Getränke ohne Kohlensäure können auch eingefroren werden und tauen dann auf dem Weg langsam auf. Gleiches gilt für Fruchtstückchen.

Bei jedem Picknick nahezu unverzichtbar sind außerdem ein Taschenmesser mit Korkenzieher sowie Servietten und Müllbeutel.

Freunde von Sonnenuntergängen und Nachtlagern sollten

außerdem an Kerzen, Fackeln oder andere Beleuchtung, Pulli und Anti-Mücken-Kerzen denken. Haben Sie noch feuchte Tücher und Sonnencreme dabei, sind Sie schon auf alle Eventualitäten vorbereitet.

Profiausstattung

Die Picknickprofis haben stets einen voll ausgestatteten Picknickkorb griffbereit. Er enthält nicht nur Geschirr, Besteck und Gläser, sondern oft auch eine wasserabweisende Decke sowie Salz- und Pfefferstreuer und andere nützliche Accessoires wie Korkenzieher & Co.

Ein normaler Korb, in dem die Utensilien und Leckereien verstaut werden, tut es jedoch auch. Für aktive Picknicker bietet sich ein Picknickrucksack an. Dessen Ausstattung ist oft etwas leichter und daher einfacher zu transportieren.

Von spartanisch bis stilvoll

Ob ein rustikales Picknick mit Holzbrettchen, Messer und einfachen Speisen oder ein feudales Mahl – das Essen und Genießen steht im Mittelpunkt. Die Picknickgerichte werden Ort und Geschehen angepasst, ebenso die Ausstattung.

Bevorzugen Sie praktisches Plastikgeschirr? Die Anschaffung lohnt sich, nicht nur weil Sie die Umwelt durch den Verzicht auf Einweggeschirr schonen, sondern weil sich bunte Teller und Becher auch am Partybuffet gut machen. Unzerbrechlich und leicht zu transportieren sind sie außerdem.
Auch feudal mit Porzellangeschirr von zu Hause lässt es sich hervorragend picknicken, doch sollten Sie solche Stücke wählen, an denen Sie nicht zu sehr hängen, für den Fall, dass etwas den Transport nicht überlebt.

Besonders nett wird ein Picknick, wenn man jedem Teilnehmer sein eigenes Sitzkissen und Platzset zur Verfügung stellt.

Letzteres kann auch ein schönes Geschirrhandtuch sein und so gleich einen weiteren Zweck erfüllen. Hat das Picknick einen feierlichen Anlass, können Sie den Ort auch schön dekorieren: Streuen Sie Blumen oder stellen Sie bei einem abendlichen Picknick Kerzen auf.

Genuss pur

Und bei all der Planung nicht vergessen – die Natur ist unberechenbar: Das Wetter kann man nicht ändern und es picknickt sich auch bei kühleren Temperaturen gut. Dann ist außerdem die Gefahr, in ein Gewitter zu geraten, geringer.

Gegen Sonnenbrand kann man sich mit einem Sonnenschirm schützen oder aber einfach einen schattigen Platz unter einem Baum wählen. Ameisen und andere Insekten einfach ignorieren. Und dann einfach nur genießen!

Roastbeefsandwich [Abb.]

> Die Paprikaschote waschen, Kerne sowie weiße Innenwände entfernen und Schote in dünne Streifen schneiden. Die Vollkornbrotscheiben mit Senf bestreichen.

> Auf 4 Scheiben Brot zunächst die Paprikastreifen, dann das Roastbeef legen, mit etwas geriebenem Meerrettich bestreuen und die andere Brotscheibe darauflegen.

> Für den Transport in Butterbrottüten verpacken oder in Pergamentpapier einwickeln.

> Nährwerte pro Person:
551 kcal, 2653 kJ, 59 g EW,
19 g F, 35 g KH

FÜR 4 PERSONEN:

1 grüne Paprikaschote
8 Scheiben Vollkornbrot
Senf
8 dicke Scheiben Roastbeef
geriebener Meerrettich

Die Roastbeefsandwiches schmecken auch mit Walnussbrot hervorragend!

Gurkensandwich mit Schweinebraten [herzhaft]

> Das Ei pellen und fein hacken. Die Kräuter abbrausen, trocken schütteln und Blättchen abzupfen. Einige Blättchen für die Garnitur beiseitelegen, dann den Rest fein hacken.

> Ei und gehackte Kräuter mit der Mayonnaise gut vermischen, mit Salz und frisch gemahlenem Pfeffer abschmecken. Gewürzgurken abtropfen lassen und in dünne Scheiben schneiden.

> Sandwichbrot entrinden und mit Kräutermayonnaise bestreichen. 4 Brotscheiben mit kaltem Braten belegen, mit scharfem Senf bestreichen und mit Salzgurken belegen.

> Restliche Brotscheiben auflegen, Sandwiches schräg halbieren und mit Kräutern garniert servieren.

> Nährwerte pro Person:
468 kcal, 1959 kJ, 17 g EW,
30 g F, 33 g KH

FÜR 4 PERSONEN:

1 Ei, hart gekocht
1 Bd. gemischte Kräuter (z. B. Petersilie, Liebstöckel, Dill)
4 EL Mayonnaise
Salz, Pfeffer aus der Mühle
8 kleine Gewürzgurken
8 Scheiben Vollkornsandwichbrot
150 g kalter Schweinebraten (Aufschnitt)
2 TL scharfer Senf

Mayonnaise können Sie ganz einfach selbst herstellen: Verquirlen Sie 1 Eigelb mit 1 TL Senf und einem Schuss Weinbrandessig und würzen die Mischung mit etwas Salz und Pfeffer. Anschließend nach und nach Sonnenblumenöl hinzufügen und rühren, bis die Mayonnaise andickt.

Überraschungsbrot [Abb.]

FÜR 1 BROT:
1 Kopfsalat
1 Roggenmischbrot
200 g Frischkäse
10 Scheiben Schinken

> Kopfsalatblätter vom Stunk lösen, die Blätter waschen und abtropfen lassen.

> Vom Brotlaib einen Deckel abschneiden, den Brotrand an der Seite mit einem Messer lösen. Anschließend mit einem Löffel vorsichtig das Innere des Brotes vom Boden lösen.

> Das gelöste Innenleben in dünne Scheiben schneiden. Die Brotscheiben mit Frischkäse bestreichen, Schinken und Salatblätter darauf legen und vorsichtig in den Laib schichten.

> Zum Transport den Laib in Frischhaltefolie wickeln.

> Nährwerte pro Person:
418 kcal, 1749 kJ, 18 g EW, 13 g F, 56 g KH

Weißbrotröllchen mit Kressebutter

[würzig]

FÜR 4 PERSONEN:
8 Scheiben Sandwichbrot
40 g Butter
1 Bd. Brunnenkresse
2 geräucherte Forellenfilets (ca. 120 g)
2 EL Crème fraîche
1 EL Zitronensaft
1 TL mittelscharfer Senf
Salz
Pfeffer aus der Mühle

> Sandwichbrot entrinden und die Scheiben mit dem Nudelholz flach ausrollen.

> Die weiche Butter in eine Schüssel geben. Brunnenkresseblättchen von den Stängeln zupfen, waschen, trocken tupfen und fein hacken. Mit einer Gabel unter die Butter mischen. Sandwichscheiben mit der Kressebutter bestreichen.

> Forellenfilets grob hacken und in eine Schüssel geben. Crème fraîche, Zitronensaft, Senf, Salz und Pfeffer dazugeben und das Ganze mit dem Pürierstab pürieren. Forellencreme auf die Sandwiches verteilen und Scheiben aufrollen.

> Brotröllchen jeweils in der Mitte schräg durchschneiden. Anschließend in Frischhaltefolie wickeln und in einer verschließbaren Dose transportieren.

> Nährwerte pro Person:
166 kcal, 688 kJ, 11 g EW, 13 g F, 2 g KH

Salami-Rucola-Wraps [italienische Art]

FÜR 8 STÜCK:
200 g Mehl
350 ml Milch
1 Ei
1 Prise Salz
1 großes Bd. Rucola
30 g Parmesan
Öl zum Braten
4 EL Frischkäse
125 g Salami in Scheiben

> Mehl, Milch, Ei sowie Salz glatt rühren und den Teig ca. 10 Minuten quellen lassen.

> Rucola waschen, trocken schütteln und von groben Stielenden befreien. Parmesan raspeln oder in dünne Späne hobeln.

> In einer beschichteten Pfanne wenig Öl erhitzen. Aus dem Teig nacheinander 8 dünne Pfannkuchen backen, dabei einmal wenden. Aus der Pfanne nehmen und auf einem Teller abkühlen lassen.

> Wraps mit je ½ EL Frischkäse bestreichen. Rucola, Parmesan und Salami darauf verteilen, aufrollen und dann schräg halbieren. In Papiertütchen oder Servietten gewickelt servieren.

> Nährwerte pro Stück:
420 kcal, 1757 kJ, 19 g EW, 20 g F, 41 g KH

Geflügelsandwich [sommerlich]

FÜR 4 PERSONEN:
400 g Truthahn- oder Putenbrust
Salz
Pfeffer, grob gemahlen
100 g TK-Erbsen
6 TL Ketchup
6 TL Mayonnaise
2 TL Meerrettich (Glas)
2 Grapefruits
4 Frühlingszwiebeln
2 rote Äpfel
4 EL Sonnenblumenkerne
4 EL Öl
8 Scheiben Bauernbrot
16 Blätter Endiviensalat

> Fleisch kräftig mit Salz und mit Pfeffer würzen. Erbsen in kochendem Salzwasser ca. 3 Minuten blanchieren.

> Ketchup mit Mayonnaise, Salz, Pfeffer und Meerrettich glatt rühren. Grapefruits mit einem Messer so schälen, dass die weiße Haut komplett entfernt wird. Halbieren und in 2 cm große Stücke schneiden.

> Frühlingszwiebeln putzen und in Ringe schneiden. Äpfel waschen, vom Kerngehäuse befreien und würfeln. Sonnenblumenkerne in einer Pfanne ohne Fett rösten.

> Öl in einer Pfanne erhitzen. Das Geflügel bei hoher Hitze von jeder Seite ca. 4 Minuten braten. Das Brot kurz unter dem Backofengrill rösten. Endivienblätter putzen und waschen.

> Fleisch aus der Pfanne nehmen und in Stücke schneiden. Alle Zutaten bis auf Salat und Brot in einer Schüssel mischen.

> Auf 4 Brotscheiben die Hälfte des Salats verteilen. Fleisch auf dem Salat anrichten, restlichen Salat darauf geben und mit einer weiteren Scheibe Brot bedecken.

> Nährwerte pro Person:
489 kcal, 2052 kJ, 32 g EW, 21 g F, 43 g KH

Statt mit Geflügel können Sie dieses Sandwich auch mit Thunfisch zubereiten.

Salate, Gemüse & Co.

JUNGE KÜCHE

Schichtsalat [gelingt leicht]

FÜR 4 PERSONEN:

2 Eier
100 g Chinakohl
2 kleine Äpfel
330 g Mais (Glas, z. B. von Alnatura)
350 g Ananas in Stücken (Dose oder Glas)
100 g Gouda
4 EL Mayonnaise
40 g Sahne
2 EL weißer Balsamico-Essig
Meersalz
Pfeffer aus der Mühle

> Wasser in einem Topf zum Kochen bringen. Eier mit einer Nadel an der stumpfen Seite anstechen. In das sprudelnde Wasser legen und in ca. 10 Minuten hart kochen. Dann herausnehmen, mit kaltem Wasser abschrecken und abkühlen lassen. Schälen und in Scheiben schneiden.

> Chinakohl putzen und dabei welke Stellen und sehr feste Stücke vom Strunk entfernen. Unter fließendem kaltem Wasser waschen und trocken schütteln, dann in sehr feine Streifen schneiden.

> Äpfel mit warmem Wasser waschen, trocken reiben, vierteln und das Kerngehäuse sowie den Stielansatz entfernen. Äpfel ungeschält mit der Küchenreibe raspeln. Mais und Ananas jeweils in ein Küchensieb geben und abtropfen lassen. Gouda reiben.

> 2 Gläser oder ein größeres Gefäß mit Deckel vorbereiten. Zuerst geschnittenen Chinakohl hineinschichten, dann Ananasstücke und Äpfel einschichten. Mit dem Mais belegen, dann geriebenen Gouda daraufgeben und abschließend Eierscheiben auflegen.

> Für das Dressing Mayonnaise mit der Sahne verrühren und weißen Balsamico-Essig unterrühren. Mit Meersalz und Pfeffer würzig abschmecken. Über den Salat verteilen, aber nicht mischen.

> Den Schichtsalat abgedeckt in den Kühlschrank stellen und dort ca. 12 Stunden durchziehen lassen.

> Nährwerte pro Person:
321 kcal, 1340 kJ, 12 g EW, 22 g F, 18 g KH

Eine besonders pikante Note bekommt der Schichtsalat, wenn Sie zusätzlich geraspelten Knollensellerie verwenden, entweder frisch oder aus dem Glas. Beim Dressing können Sie die Sahne auch durch Naturjoghurt ersetzen.

Gefüllte Tomaten mit Olivenfrischkäse und Basilikum [Abb.]

FÜR 10 STÜCK:
10 mittelgroße Tomaten
6 EL Frischkäse
4 EL Magerquark
1 El Sahne
1 EL Zitronensaft
1 Schalotte
6 grüne entsteinte Oliven
2 EL Basilikumstreifen
1 Knoblauchzehe, Salz
schwarzer Pfeffer
Zum Garnieren:
je 4 Basilikumblätter und Oliven

> Tomaten waschen, einen flachen Deckel abschneiden und die Tomaten aushöhlen. Mit der Öffnung nach unten auf Küchenpapier abtropfen lassen.

> Frischkäse mit Quark, Sahne und Zitronensaft verrühren. Schalotte schälen und fein würfeln. Olivenfleisch fein würfeln. Beides unter die Käsemasse mischen.

> Basilikumstreifen waschen, trocken schütteln und unterheben.

> Knoblauch schälen, dazupressen, Frischkäse mit Salz und Pfeffer abschmecken.

> Den Olivenkäse in die Tomaten füllen und diese in eine Dose mit Deckel setzen. Basilikum und Oliven getrennt einpacken und kurz vor dem Servieren garnieren.

> Nährwerte pro Stück:
54 kcal, 226 kJ, 4 g EW,
1 g F, 6 g KH

Rohkost mit Kräuterquark [frisch und gesund]

FÜR 4 PERSONEN:
750 g gemischtes Gemüse nach Wahl (z. B. Möhren, Paprika, Radieschen, Tomaten, Gurken, Fenchel, Stangensellerie)
200 g Magerquark
50 g saure Sahne
50 g Crème fraîche
1 EL Zitronensaft, Salz
Pfeffer aus der Mühle
je 1/2 Bd. Schnittlauch und Dill

> Das Gemüse putzen, waschen und gegebenenfalls schälen. Gemüsesorten wie Zuckerschoten und Blumenkohl vor dem Verzehr in kochendem Wasser kurz blanchieren. Alles in mundgerechte Stücke bzw. Scheiben oder Streifen schneiden.

> Magerquark mit saurer Sahne, Crème fraîche und Zitronensaft glatt rühren. Mit Salz und Pfeffer würzen. Die Kräuter waschen, trocken schütteln und hacken. Anschließend unter den Quark rühren. Quark in ein verschließbares Glas füllen.

> Gemüse in eine Dose oder Schüssel mit Deckel geben und gut verschließen. Dazu den Kräuterquark als Dip servieren.

> Nährwerte pro Person:
146 kcal, 611 kJ, 4 g EW,
7 g F, 10 g KH

Reichen Sie dazu als weiteren Dip doch einen Paprika-Schafskäse-Dip: 4 rote geröstete Paprikaschoten aus dem Glas pürieren. Mit 1/2 Bd. gehackter Petersilie, feinen Ringen von 4 eingelegten Peperoni aus dem Glas, 100 g Doppelrahmfrischkäse und 100 g mit einer Gabel zerdrücktem Schafskäse mischen. Mit Salz und Pfeffer abschmecken. Fertig!

Paprikasalat [Abb.]

FÜR 4 PERSONEN:

je 2 grüne und rote Paprikaschoten
100 g frische Champignons
je 10 EL Kresse und Schnittlauch in Röllchen
2 EL Distelöl
2 TL Zitronensaft
1 TL Honig
2 Spritzer Worcestersoße
Salz, Pfeffer
300 g Königskrabben, verzehrfertig

> Paprikaschoten waschen, putzen und in feine Streifen schneiden. Champignons putzen und in feine Scheiben schneiden. Mit Schnittlauch und Kresse mischen.

> Aus Distelöl, Zitronensaft, Honig, Worcestersoße, Salz und Pfeffer ein Dressing rühren und unter den Salat mischen. Die Krabben dazugeben und das Ganze in 4 verschließbare Gläser oder Dosen geben.

> Nährwerte pro Person:
227 kcal, 950 kJ, 21 g EW, 8 g F, 16 g KH

Garnieren Sie den Salat vor dem Servieren mit etwas Brunnenkresse und rotem Basilikum. Das ist dekorativ und würzig. Reichen Sie frisches Vollkornbrot zum Salat.

Mediterraner Gemüsesalat [vegetarisch]

FÜR 4 PERSONEN:

250 g grüne Bohnen
Salz
400 g kleine Kartoffeln
300 g kleine Tomaten
2 Frühlingszwiebeln
4 Artischockenherzen (Glas)
100 g schwarze Oliven (Glas)
2 EL Weißweinessig
1 EL Balsamico-Essig
6 EL Olivenöl
Pfeffer aus der Mühle

> Bohnen waschen, die Enden und evtl. den Faden in der Mitte entfernen und in ca. 3 cm lange Stücke schneiden. In kochendem Salzwasser Bohnen ca. 10 Minuten garen. Dann abgießen, abschrecken und abtropfen lassen.

> Kartoffeln mithilfe einer Gemüsebürste unter fließendem Wasser gründlich reinigen. In leicht gesalzenem Wasser ca. 20 Minuten mit Schale garen.

> Abgekühlte Kartoffeln halbieren. Tomaten waschen und ebenfalls halbieren. Frühlingszwiebeln waschen, putzen und in kleine Stücke schneiden. Artischockenherzen abtropfen lassen und vierteln. Oliven im Sieb abtropfen lassen.

> Essige mit Olivenöl, Salz und Pfeffer verrühren, dann abschmecken. Salatzutaten mit der Soße mischen und zum Transport in eine verschließbare Dose oder Schüssel geben.

> Nährwerte pro Person:
231 kcal, 967 kJ, 5 g EW, 15 g F, 17 g KH

Die Pellkartoffeln am besten schon am Tag vorher garen, dann entfällt die Wartezeit, bis sie abgekühlt sind.

Auberginenröllchen [für Genießer]

> Auberginen waschen, die Enden abschneiden und das Fruchtfleisch anschließend in ca. 18 dünne Scheiben schneiden.

> Etwas Öl in einer beschichteten Pfanne erhitzen, die Gemüsescheiben darin von beiden Seiten goldbraun braten, salzen und pfeffern. Auf Küchenpapier abtropfen und abkühlen lassen.

> Für die Füllung den Couscous in eine tiefe Schale geben. Die Geflügelbrühe zum Kochen bringen und gleichmäßig darüber verteilen. Das Gefäß mit Folie verschließen und den Couscous ca. 5 Minuten quellen lassen.

> In der Zwischenzeit die Butter in einer Pfanne aufschäumen lassen, die Pinienkerne darin rösten und mit Zitronensaft ablöschen. Zitronenschale dazugeben. Zusammen mit den Kräutern unter den Couscous heben.

> Je 1 EL Füllung mit den Händen zusammenpressen, auf die Auberginenscheiben geben und darin einrollen. Dabei mit den Fingern seitlich verhindern, dass die Füllung herausbröselt.

> Die Röllchen eng nebeneinander in eine Form oder größere Plastikdose setzen.

> Den Weichkäse in 18 Scheiben schneiden und jeweils 1 Scheibe mit je 1 Holzspieß auf jedem Auberginenröllchen feststecken. Kalt stellen und in der Form transportieren.

> Nährwerte pro Person:
241 kcal, 1008 kJ, 10 g EW,
16 g F, 13 g KH

FÜR 6 PERSONEN:

400 g Auberginen
(2 – 3 Stück)
10 – 15 EL Olivenöl
Salz
Pfeffer
200 g Couscous (Instant)
375 ml Geflügelbrühe
5 g Butter
30 g Pinienkerne
Saft und abgeriebene
Schale von 2 Zitronen
(unbehandelt)
1 EL Blattpetersilie oder
Koriander, gehackt
1 Rolle Weichkäse
(z. B. Président Snacking)

Die Röllchen können Sie selbstverständlich statt mit Auberginen auch mit Zucchini zubereiten.
Zu dieser arabisch-mediterranen Köstlichkeit passt ein frischer, exotischer Dip. Versuchen Sie z. B. einen leckeren Minzedip (Rezept siehe S. 38). Falls Sie die Röllchen mit Dip servieren, empfiehlt es sich, dafür den Weichkäse wegzulassen.

Zucchinisalat mit Salami [Abb.]

FÜR 4 PERSONEN:

2 Zucchini
1 große rote Zwiebel
1 Orange
3 EL Olivenöl
2 EL Apfelessig
Saft von 1 Orange
Salz
Pfeffer aus der Mühle
50 g luftgetrocknete italienische Salami, in Scheiben geschnitten

> Zucchini waschen und in feine Scheiben schneiden oder hobeln. Zwiebel schälen und in dünne Ringe schneiden oder hobeln.

> Orange mit einem scharfen Messer wie einen Apfel schälen, die weiße Haut dabei vollständig entfernen. Filets mit einem scharfen Messer von den Trennwänden lösen.

> Aus Olivenöl, Apfelessig, Orangensaft, Salz sowie Pfeffer eine Vinaigrette herstellen.

> Zucchinischeiben, Zwiebelringe, Orangenfilets und Salamischeiben mit der Vinaigrette in einer großen Schüssel gut durchmischen und 15 Minuten ziehen lassen.

> Zum Schluss eventuell etwas nachwürzen, dann in 4 verschließbare Gefäße füllen.

> Nährwerte pro Person:
248 kcal, 1038 kJ, 9 g EW,
12 g F, 23 g KH

Lauchsalat mit Zitronendressing [einfach]

FÜR 4 PERSONEN:

50 g Rosinen
150 ml Orangensaft, frisch gepresst
4 Stangen Lauch
8 Zweige Thymian
1 EL Honig
100 ml Zitronensaft
10 EL Olivenöl
Salz
schwarzer Pfeffer

> Rosinen mit dem Orangensaft vermengen. Die Lauchstangen putzen, waschen und längs halbieren. Lauch nochmals waschen und quer in feine Scheiben schneiden.

> Den Thymian waschen, trocken schütteln, Blättchen abzupfen und fein hacken. Honig mit Zitronensaft und Olivenöl gut verrühren. Thymian untermengen und mit Salz und Pfeffer abschmecken.

> Vorbereitete Zutaten in einer Schüssel mit dem Dressing locker vermengen. In eine verschließbare Dose oder ein Glas mit Deckel füllen und 30 Minuten bei Zimmertemperatur ziehen lassen. Danach kühlen.

> Nährwerte pro Person:
393 kcal, 1644 kJ, 4 g EW,
26 g F, 34 g KH

Dieser Salat wird pikanter, wenn Sie 1 Stange Lauch durch 1 Bd. Lauchzwiebeln ersetzen.

Milchsaurer Rohkostsalat [haltbar und gesund]

FÜR 8 PERSONEN:

Für den Salat:
400 g Knollensellerie
200 g Möhren
400 g Weißkohl
Salz
400 g rote Paprikaschote
2 Zwiebeln
4 Knoblauchzehen
2 cm Ingwerwurzel
Für die Lake:
20 g Milchzucker
20 g Salz
1 TL Sauergemüse-Fermentpulver

> 4 verschließbare Gläser für ca. 1 l Inhalt heiß ausspülen und auf einem frischen Geschirrtuch abtropfen lassen.

> Sellerie sowie Möhren putzen, schälen und fein raspeln. Weißkohl putzen und sehr fein hobeln. Das vorbereitete Gemüse mit 1 Prise Salz in einer Schüssel vermischen und ziehen lassen.

> In der Zwischenzeit die Paprikaschoten waschen und Kerne sowie weiße Trennwände entfernen. Danach die Schoten in dünne Streifen schneiden.

> Zwiebeln und Knoblauch abziehen, fein schneiden und mit den Paprikaschoten unter das restliche Gemüse mischen. Ingwerwurzel schälen und fein über das Gemüse reiben.

> Die Gemüsemischung mit einem Holzstampfer oder der Faust leicht stampfen, bis Saft austritt.

> Das Gemüse in die Gläser füllen. Für die Lake Milchzucker, Salz, Fermentpulver und 2 l lauwarmes Wasser mischen und die Gläser damit auffüllen.

> Das Gemüse etwas pressen, z. B. mit einem kleinen Schnapsglas oder einem breiten Korken, die während der Gärzeit im Glas bleiben, sodass das Gemüse vollständig von Lake bedeckt ist. Die Gläser verschließen.

> Das Gemüse bei Zimmertemperatur 6 bis 7 Tage gären lassen. Die Gärzeit ist abgelaufen, wenn keine Bläschen mehr zu sehen sind und sich die Flüssigkeit wieder klärt. Das Gemüse sollte kühl, dunkel und verschlossen aufbewahrt werden.

> Nährwerte pro Person:
56 kcal, 235 kJ, 3 g EW,
1 g F, 10 g KH

Das Gemüse können Sie schon einige Wochen vor dem Picknick einlegen, denn es hält sich lange. Das Sauergemüse-Fermentpulver erhalten Sie im Reformhaus.

Taboulé [libanesisch]

FÜR 6 PERSONEN:

Meersalz
400 g Couscous (Instant)
1 TL Olivenöl
1 Salatgurke
2 Fleischtomaten
1 rote Zwiebel
1 Handvoll Minzeblätter
2 Bd. Petersilie
1 Zitrone
Pfeffer weiß
1 Prise Kreuzkümmel
1 Prise Zimt,1 EL Butter

> 400 ml Wasser mit etwas Salz zum Kochen bringen, vom Herd nehmen und den Couscous sowie das Öl einrühren. 5 Minuten ziehen und abkühlen lassen.

> In der Zwischenzeit die Gurke schälen und in sehr kleine Würfel schneiden. Die Tomaten halbieren, entkernen und klein würfeln.

> Die Zwiebel schälen, Minze und Petersilie waschen, trocken schütteln, alles fein hacken. Die Zitrone auspressen, den Saft zugeben.

> Alle Zutaten unter den abgekühlten Couscous mischen und mit den Gewürzen abschmecken. Zum Schluss noch etwas Butter unterrühren, mit Salz und Pfeffer abschmecken.

> Den Salat auf verschließbare Gläser verteilen oder in eine Schüssel mit Deckel geben.

> Nährwerte pro Person:
332 kcal, 1389 kJ, 10 g EW,
5 g F, 59 g KH

Pastasalat mit Schinken und Erbsen

[Partyklassiker]

FÜR 4 PERSONEN:

1 große Möhre
200 g TK-Erbsen
2 Frühlingszwiebeln
350 g Maccheroni oder andere kleine Pasta
Salz
100 g Gouda oder Emmentaler
400 g Kasseler
Pfeffer aus der Mühle
4 EL Mayonnaise
100 g saure Sahne
200 g Sahne

> Möhre schälen, waschen und in dünne Streifen schneiden. Erbsen in einem Sieb auftauen lassen. Frühlingszwiebeln putzen, waschen und schräg in ca. 1/2 cm dicke Ringe schneiden.

> Nudeln nach Packungsanweisung in Salzwasser bissfest garen, nach 5 Minuten die Möhrenstifte, Erbsen und Frühlingszwiebelringe zugeben und fertig garen.

> Alles in ein Sieb abschütten, mit kaltem Wasser abschrecken, abtropfen und auskühlen lassen.

> Käse in dünne Streifen schneiden. Kasseler in ca. 1 cm große Würfel schneiden. Käse und Kasseler unter die Nudel-Gemüse-Mischung mengen, dann salzen und pfeffern.

> Mayonnaise, saure Sahne und Sahne vermengen, glatt rühren und mit Salz sowie Pfeffer abschmecken. Dressing unter den Salat mischen und nach Bedarf nochmals abschmecken.

> Nährwerte pro Person:
739 kcal, 3094 kJ, 35 g EW,
50 g F, 39 g KH

Fleisch, Fisch & Co.

JUNGE KÜCHE

Mini-Schnitzel mit Tomaten-Chili-Dip

[Abb.]

FÜR 16 STÜCK:

500 g Schweinefilet
1 Knoblauchzehe
2 TL Kräutersenf
1 TL Chilipulver
Salz
Pfeffer
5 EL Paniermehl
2 TL Sesam
1 Ei
5 EL Mehl
4 EL Öl
1 Chilischote
200 g passierte Tomaten
2 EL Himbeermarmelade
1 EL Zucker
1 EL Joghurt
1 EL Paprikamark
1 Tomate

> Für die Schnitzel Fleisch waschen, trocken tupfen und in 16 dünne Scheiben schneiden. Knoblauch schälen und zerdrücken. Mit Senf, Chilipulver, Salz sowie Pfeffer mischen, Schnitzel damit einstreichen und ca. 30 Minuten marinieren.

> Paniermehl mit Sesam mischen, Ei verquirlen. Schnitzel nacheinander in Mehl, Ei und Paniermehl wenden. Öl in einer Pfanne erhitzen, Schnitzel darin von beiden Seiten goldbraun braten und anschließend abkühlen lassen.

> Für den Dip Chilischote halbieren, die Kerne entfernen und fein hacken. Passierte Tomaten mit Chilischote, Marmelade, Zucker, Joghurt und Paprikamark pürieren.

> Tomate waschen, vierteln, Kerne entfernen, in Würfel schneiden und unter den Dip rühren. Zum Mitnehmen Dip in ein verschließbares Glas und Schnitzel in eine Dose füllen.

> Nährwerte pro Stück:
100 kcal, 418 kJ, 4 g EW,
4 g F, 11 g KH

Besonders praktisch, um die Mini-Schnitzel beim Picknick zu essen, sind Pommesschälchen aus Papier und Holzspieße.

Exotischer Kaviarsalat [edel]

FÜR 4 PERSONEN:

1 Papaya
1 Mango
2 Kiwis
1 grüne Chilischote
Saft von 2 Limetten
3 EL Olivenöl
Cayennepfeffer
50 g Forellenkaviar

> Papaya schälen, halbieren, entkernen und in Scheiben schneiden. Mango schälen, Fruchtfleisch in dünne Scheiben schneiden. Kiwis schälen und in Scheiben schneiden.

> Chili längs halbieren, waschen, nach Wunsch entkernen und fein hacken. Mit Limettensaft und Olivenöl verrühren, mit Cayennepfeffer abschmecken.

> Dressing über das Obst träufeln und zum Transport in eine verschließbare Dose geben. Den Salat vor Ort mit jeweils 1 EL Forellenkaviar anrichten.

> Nährwerte pro Person:
139 kcal, 582 kJ, 3 g EW,
9 g F, 11 g KH

Hackfleischbällchen mit Minzedip

[orientalisch]

FÜR 4 PERSONEN:

Für die Bällchen:
500 g Hackfleisch
5 EL Teriyaki Marinade & Soße
1 Stück frischer Ingwer (ca. 2 cm)
3 Sardellenfilets
1 EL Kapern
2 EL Paniermehl
gemahlener Kreuzkümmel

Für den Minzedip:
80 g Crème fraîche
100 g Joghurt
Salz
2 Zweige frische Minze

> Hackfleisch gründlich mit Teriyaki verkneten und in 2 Portionen teilen.

> Ingwer schälen und fein reiben, Sardellenfilets und Kapern hacken. Paniermehl in 2 – 3 EL Wasser einweichen. Backofen auf 180 Grad vorheizen.

> Eine Hälfte des Hackfleisches mit der Hälfte des Paniermehls und dem Ingwer verkneten. Mit Kreuzkümmel würzen.

> Das übrige Hackfleisch mit Sardellenfilets, Kapern und dem restlichen Paniermehl vermengen.

> Aus dem Teig kleine, walnussgroße Bällchen formen, auf ein mit Backpapier belegtes Backblech legen und ca. 15 Minuten im vorgeheizten Ofen bei 180 Grad garen. Anschließend auf dem Blech auskühlen lassen

> Für den Dip Crème fraîche und Joghurt verrühren und mit Salz abschmecken.

> Minze waschen, trocken tupfen, die Blättchen fein hacken und unterrühren. Den Dip zu den Hackfleischbällchen servieren.

> Nährwerte pro Person:
261 kcal, 1094 kJ, 25 g EW, 25 g F, 7 g KH

Garnieren Sie die fertigen Bällchen, indem Sie sie mit ein paar Minzblättchen und 1 TL Kapern anrichten.
Anstatt mit frischer Minze können Sie den Dip auch mit Schnittlauchröllchen verfeinern.

Kalbsrollbraten mit Eiern und Weißweinsoße [klassisch]

FÜR 6 PERSONEN:

200 g Thunfisch aus der Dose
1 EL Senf
2 EL Mayonnaise
100 g Paniermehl
2 Eier
Salz
Pfeffer aus der Mühle
1 kg Kalbsrollbraten
Essig
4 hart gekochte Eier
Butterschmalz zum Braten
2 Rosmarinzweige
700 ml Fischfond
200 ml Weißwein
1 EL Soßenbinder

> Thunfischsud abgießen, den Fisch aus der Dose nehmen und in eine Schüssel geben. Senf, Mayonnaise, Paniermehl und Eier dazugeben und gut vermischen. Die Füllung kräftig mit Salz und Pfeffer würzen.

> Kalbsrollbraten aufrollen, mit Essig abtupfen. Mit Salz und Pfeffer würzen.

> Die hart gekochten Eier schälen und dann die Enden der Eier leicht anschneiden.

> Die Fischfarce gleichmäßig auf dem Fleisch verteilen. Die Eier an den Rand des Fleisches legen, sodass die angeschnittenen Enden aufeinander treffen. Den Rollbraten aufrollen und mit Küchengarn zubinden.

> Braten in einem Bräter von allen Seiten scharf in Butterschmalz anbraten. Rosmarinzweige dazu legen und etwas Fischfond angießen. Im Bräter in den auf 200 Grad vorgeheizten Backofen geben und für ca. 1 1/2 Stunden garen.

> Den Rollbraten von Zeit zu mit Fond und etwas Wasser übergießen, evtl. bei zu starker Bräunung mit Alufolie abdecken.

> Den Braten nach der Garzeit in Folie packen und abkühlen lassen. Zum Transport in Scheiben schneiden und in eine Dose mit Deckel geben.

> Die Soße durch ein Sieb in einen Topf gießen, mit Weißwein anreichern und köcheln lassen. Soßenbinder mit etwas Wasser anrühren, in die Soße geben und diese kurz aufkochen lassen. Mit Salz und Pfeffer würzen.

> Soße in ein verschließbares Gefäß füllen und vor dem Verschließen etwas abkühlen lassen.

> Nährwerte pro Person:
346 kcal, 1448 kJ, 36 g EW,
16 g F, 11 g KH

Zum Kalbsrollbraten schmeckt hervorragend ein Paprikasalat (siehe S. 27) und frisches Fladenbrot oder Baguette.

Fischbällchen auf Zitronengrasspießen

FÜR 10 STÜCK:

350 g Stockfisch (getrockneter Kabeljau)
250 g mehligkochende Kartoffeln
1 Zwiebel
4 cl Portwein
Salz
Pfeffer aus der Mühle
Muskatnuss
2 – 3 Eier
Paniermehl
10 Zitronengrasstängel
Öl zum Frittieren

[sättigend]

> Stockfisch mindestens 12 Stunden in reichlich kaltem Wasser einweichen, das Wasser dabei mehrmals wechseln.

> Dann den Fisch ca. 15 Minuten in kochendem Wasser garen. Herausnehmen, etwas abkühlen lassen. Haut und Gräten entfernen und den Fisch durch den Fleischwolf drehen.

> Kartoffeln schälen, waschen und ca. 25 Minuten garen, abgießen, ausdampfen lassen und durch die Kartoffelpresse drücken.

> Zwiebel schälen und fein hacken. Durchgedrückte Kartoffeln mit dem zerkleinerten Stockfisch und den Zwiebeln in eine Schüssel geben und gründlich mischen. Portwein unterrühren. Mit Salz, Pfeffer und frisch geriebenem Muskat würzen.

> Nacheinander die Eier unterarbeiten, bis eine glatte Masse entsteht. Falls die Masse zu dünn ist, etwas Paniermehl hinzufügen.

> 20 Bällchen aus der Fischmasse formen, je 2 auf einen Zitronengrasstängel stecken, leicht flach drücken und im heißen Öl goldbraun frittieren. Auf Küchenpapier abtropfen und abkühlen lassen.

> Nährwerte pro Stück:
278 kcal, 1165 kJ, 30 g EW, 13 g F, 8 g KH

Die schilfartigen Blätter des Zitronengrases geben ihr frisches, zitroniges Aroma beim Erhitzen an die Bällchen ab. Auf diese Weise werden sie gleichmäßig und dezent gewürzt.

Servieren Sie dazu Aioli: 3 – 4 Knoblauchzehen schälen und durch die Presse drücken. Knoblauch mit 250 g Mayonnaise und etwas Salz in einer Schüssel verrühren. In ein verschließbares Gefäß geben. Fertig!

Hähnchenspieße mit Tomatensalsa und Erdnusssoße [Fingerfood]

FÜR 4 PERSONEN:

Für die Spieße:
500 g Hähnchenbrust
Essig
Salz
weißer Pfeffer
Butter
1 EL Honig

Für die Tomatensalsa:
4 Tomaten
1 Schalotte
Butter
Salz
Pfeffer
3 EL frische Petersilienblätter

Für die Erdnusssoße:
100 g ungeröstete, ungesalzene Erdnusskerne
200 ml Kokosmilch
1 TL Currypaste
2 EL Zucker
2 EL Limettensaft
1 TL Sojasoße
Salz

> Hähnchenbrust mit Essig abtupfen, in Stücke schneiden und auf Holzspieße stecken. Die Spieße mit Salz und Pfeffer würzen. Das Fleisch in Butter langsam anbraten, dabei mit Honig beträufeln.

> Abkühlen lassen, zum Transport in Pergamentpapier wickeln und in eine verschließbare Dose legen.

> Für die Tomatensalsa Tomaten einige Sekunden überbrühen, kalt abschrecken, häuten, vierteln, entkernen und in Würfel schneiden.

> Die Schalotte abziehen, halbieren und in feine Würfel schneiden. Butter in einer Pfanne erhitzen und die Schalottenwürfel darin glasig dünsten.

> Tomatenwürfel zugeben und einige Minuten köcheln lassen. Die Tomatensalsa mit Salz und Pfeffer würzen, in ein verschließbares Gefäß, z. B. in ein Glas mit Schraubverschluss, füllen und mit Petersilie bestreuen.

> Die Erdnusskerne in einer Pfanne ohne Fett goldbraun rösten.

> Die Kokosmilch mit der Currypaste glatt rühren, zu den Erdnusskernen geben und zum Kochen bringen. Mit Zucker und Limettensaft würzen und 1 Minute leicht köcheln lassen.

> Mit dem Pürierstab grob durchpürieren und mit Sojasoße und eventuell etwas Salz abschmecken. Ebenfalls zum Transport in ein verschließbares Gefäß füllen.

> Nährwerte pro Person:
416 kcal, 1741 kJ, 35 g EW, 22 g F, 19 g KH

Currypaste ist aus der Thaiküche nicht wegzudenken. Man unterscheidet rote, grüne und gelbe Currypaste. Die Pasten basieren auf Chilischoten, Zitronengras, Knoblauch, Galant und Koriander.

Klassische Chickennuggets [Abb.]

> Hähnchenbrustfilet unter fließendem kalten Wasser waschen und mit Küchenpapier trocken tupfen.

> Das Fleisch in mundgerechte Stücke schneiden und mit Salz und Pfeffer würzen.

> Eier verquirlen. Eier, Mehl und Paniermehl jeweils auf einen tiefen Teller geben.

> Hähnchenteile erst in Mehl, dann in Ei und danach in Paniermehl wenden.

> Öl in einem Topf oder einer Fritteuse erhitzen und Chickennuggets portionsweise im heißen Fett (bei ca. 170 Grad) ca. 5 Minuten goldgelb frittieren.

> Die Chickennuggets mit einem Schaumlöffel herausnehmen und auf Küchenpapier abtropfen lassen. Mit Ketchup servieren.

> Nährwerte pro Person:
497 kcal, 2081 kJ, 39 g EW,
24 g F, 33 g KH

FÜR 4 PERSONEN:
600 g Hähnchenbrustfilet
Salz
Pfeffer aus der Mühle
2 Eier
80 g Mehl
100 g Paniermehl
1 l Öl zum Frittieren
Ketchup

Italienische Chickennuggets mit Basilikumdip [mediterran]

> Schalotten und Knoblauch schälen. Schalotten fein würfeln, Knoblauch durch die Presse drücken. Basilikum waschen, trocken schütteln, die Blättchen abzupfen und fein hacken.

> Dickmilch, Schalotten, Knoblauch, Basilikum, Zitronensaft und 2 TL Zitronenschale gut verrühren. Den Dip mit Salz und Pfeffer würzen.

> Hähnchenfilet kalt abspülen, trocken tupfen, in ca. 2 cm dicke Scheiben schneiden und mit Salz und Pfeffer würzen. Das Brot fein hacken oder zerkrümeln. Parmesan reiben. Brotkrümel, Parmesan und restliche Zitronenschale auf einem Teller mischen. Eiweiß in einem zweiten Teller verquirlen.

> Hähnchenfiletstücke erst im verquirlten Eiweiß, dann in der Brotmischung wenden. Die Panade fest andrücken. Öl in einer beschichteten Pfanne erhitzen und die Chickennuggets darin von allen Seiten bei mittlerer Hitze goldbraun braten. Zum Entfetten auf Küchenpapier legen und mit dem Dip servieren.

> Nährwerte pro Person:
467 kcal, 1954 kJ, 45 g EW,
24 g F, 18 g KH

FÜR 4 PERSONEN:
2 Schalotten
2 Knoblauchzehen
1 Bd. Basilikum
600 g Dickmilch
2 EL Zitronensaft
3 TL abgeriebene Zitronenschale (unbehandelt)
Salz
Pfeffer aus der Mühle
600 g Hähnchenbrustfilet
60 g Vollkornbrot
40 g Parmesan
2 Eiweiß
4 EL Olivenöl

Kalter Schweinerollbraten mit Kräutern [gut vorzubereiten]

FÜR 6 PERSONEN:

1,2 kg Schweinerollbraten
Salz
schwarzer Pfeffer
3 Knoblauchzehen
1 Bd. Basilikum
1 Bd. glatte Petersilie
3 Zweige Rosmarin
je 4 Zweige Oregano und Thymian
je 3 Zweige Zitronenthymian und Minze
8 Salbeiblätter
3 EL Zitronensaft
5 EL Olivenöl
200 ml trockener Weißwein

> Braten ausbreiten und etwas flach klopfen. Fleisch mit Salz und Pfeffer einreiben. Knoblauch abziehen und durch die Presse in eine Schüssel drücken.

> Kräuter abbrausen, trocken schütteln und hacken. Zum Knoblauch geben. Mit dem Zitronensaft und 2 EL Olivenöl mischen.

> Fleisch mit $^1/_3$ der Kräutermischung einreiben. Braten aufrollen und mit Küchengarn zusammenbinden.

> Rundum mit der übrigen Kräutermischung bestreichen und in Frischhaltefolie wickeln. Im Kühlschrank 3 Stunden durchziehen lassen.

> Backofen auf 180 Grad vorheizen. Im Bräter 3 EL Olivenöl erhitzen und den Braten darin rundum scharf anbraten.

> Mit Weißwein ablöschen und in den Ofen stellen. Die Temperatur auf 150 Grad reduzieren und 2 Stunden garen.

> Zwischendurch das Fleisch immer wieder mit dem Wein begießen. Zum Schluss den fertigen Schweinerollbraten unter dem Grill oder bei 250 Grad Oberhitze ca. 5 Minuten bräunen.

> Fleisch aus dem Ofen nehmen, auskühlen lassen und in dünne Scheiben schneiden.

> Nährwerte pro Person:
489 kcal, 2046 kJ, 43 g EW,
31 g F, 5 g KH

Lust auf eine leckere Variante? Dann füllen Sie den Braten mit frischem Blattspinat und Parmaschinken. Diese Kombination harmoniert perfekt mit den mediterranen Kräutern.

Gerollt, gebacken & aufgespießt

JUNGE KÜCHE

Scotch Eggs [Abb. rechts]

FÜR 4 PERSONEN:

1 Schalotte
1 EL Butter
250 g Bratwurstbrät
2 Eigelbe
3 EL Paniermehl
1 EL gehackte Petersilie
4 hart gekochte Eier
1 Eiweiß
100 g Paniermehl
Frittierfett

> Schalotte abziehen, halbieren, in feine Würfel schneiden und in etwas Butter glasig dünsten.

> Brät mit Eigelben, dem Paniermehl, Petersilie und Schalotten zu einem Fleischteig verkneten.

> Die Eier mit dem Fleischteig ummanteln und in Eiweiß und Paniermehl wälzen. In der Fritteuse goldgelb ausbacken, auf einem Küchenpapier das Fett abtropfen und anschließend auskühlen lassen.

> Nährwerte pro Person:
560 kcal, 2343 kJ, 22 g EW,
42 g F, 25 g KH

Diese Spezialität wurde erstmals 1851 von Fortnum & Mason feilgeboten.

Schweinefleischpastete [Abb. links]

FÜR 4 PERSONEN:

Für den Teig:
500 g Mehl
250 g Butter
Salz, 2 Eier
Für die Füllung
1 altbackenes Brötchen
700 g Schweinefleisch
175 g fetter Speck
100 g Räucherspeck
3 Schalotten
2 Knoblauchzehen
1 Ei, Salz
Pfeffer aus der Mühle
Pastetengewürz
Außerdem:
Butter für die Formen
1 Eigelb zum Bestreichen

> Das Mehl in eine Schüssel sieben und in die Mitte eine Vertiefung drücken. Die Butter in Flöckchen, Salz, Eier und 2 EL Wasser in die Vertiefung geben, rasch verkneten, zu einer Kugel formen und in Frischhaltefolie gewickelt ca. 2 Stunden in den Kühlschrank stellen.

> Brötchen in lauwarmem Wasser einweichen. Schweinefleisch, fetten Speck und Räucherspeck durch den Fleischwolf drehen.

> Schalotten und Knoblauchzehen schälen und fein hacken. Mit ausgedrücktem und zerrupftem Brötchen, Ei, Salz, Pfeffer, Pastetengewürz zum Fleisch geben und gut vermischen.

> Teig in 8 Teile teilen, ca. 5 mm dick ausrollen. Kleine Porzellanformen ausbuttern und mit der Hälfte des Teiges auskleiden, die Fleischmasse hineingeben. Den restlichen Teig ausrollen und auf die Füllung legen, andrücken. Mit Teigresten verzieren und mit Eigelb bepinseln. In der Mitte ein rundes Loch ausstechen.

> Im auf 180 Grad vorgeheizten Backofen 60 – 70 Minuten backen. Herausnehmen und in den Formen etwas abkühlen lassen. Dann herauslösen und vollständig auskühlen lassen.

> Nährwerte pro Person:
816 kcal, 3414 kJ, 32 g EW,
55 g F, 49 g KH

Spinat-Gorgonzola-Taschen [Abb.]

FÜR 4 STÜCK:

200 g TK-Blattspinat
2 Platten TK-Blätterteig (à 75 g)
1 große Zwiebel
1 EL Pflanzencreme mit Butteraroma (z. B. von Biskin)
Salz
Pfeffer
Muskatnuss
1 Ei
30 g blütenzarte Haferflocken
100 g Gorgonzola

> Spinat und Blätterteig auftauen lassen. Backofen auf 200 Grad vorheizen.

> Zwiebel schälen und fein würfeln. In Pflanzencreme anbraten, Spinat zugeben und kurz garen. Mit Salz, Pfeffer und Muskatnuss würzen.

> Ei verquirlen und Gorgonzola würfeln. Spinat und Zwiebel in eine Schüssel geben, Haferflocken, Gorgonzola und den größten Teil des Eis daruntermischen.

> Blätterteigplatten auf einer bemehlten Arbeitsfläche zusammen auf eine Größe von ca. 15 x 30 cm ausrollen. In 4 Quadrate teilen. Spinatmischung auf die Mitte der Teigquadrate geben und diese zu Dreiecken falten, Ränder mit einer Gabel gut festdrücken.

> Teigtaschen auf ein mit Backpapier ausgelegtes Backblech setzen. Mit dem restlichen Ei bestreichen. Auf der mittleren Einschubleiste des Ofens ca. 15 Minuten backen.

> Nährwerte pro Stück:
324 kcal, 1347 kJ, 11 g EW,
24 g F, 16 g KH

Pestoröllchen mit Hackfleisch [pikant]

FÜR 6 PERSONEN:

600 g TK-Blätterteig
100 g Pesto (Glas)
6 Frühlingszwiebeln
300 g gemischtes Hackfleisch
2 EL Crème fraîche
1 EL Parmesan, gerieben
1 Ei
Salz
Pfeffer aus der Mühle
1 Eigelb

> Backofen auf 200 Grad vorheizen. Blätterteig auftauen lassen. Je 2 Platten an den langen Seiten etwas übereinander legen und zu einem Rechteck ausrollen. Mit Pesto bestreichen.

> Frühlingszwiebeln waschen, putzen und mit dem zarten Grün fein zerkleinern. Hackfleisch mit Zwiebeln, Crème fraîche, Parmesan, Ei, Salz und Pfeffer vermischen.

> Masse auf die Teigplatten streichen, dabei ringsherum einen gut fingerbreiten Rand freilassen.

> Teigränder an den schmalen Seiten über die Füllung schlagen und die Platten von der Längsseite her aufrollen.

> Röllchen mit der Naht nach unten auf ein Backblech legen. Eigelb mit 1 EL Wasser verrühren und Röllchen damit bestreichen. In ca. 25 Minuten goldbraun backen. Abkühlen lassen und in Scheiben schneiden.

> Nährwerte pro Person:
634 kcal, 2653 kJ, 17 g EW,
50 g F, 31 g KH

Reiswürfel [Abb.]

FÜR CA. 45 STÜCK:

Basmatireis
(z. B. von reis-fit)
450 g gemischtes Hackfleisch
1 große Zwiebel
1 Knoblauchzehe, 1 Ei
1 TL getrockneter Majoran
Salz, schwarzer Pfeffer
60 g Kapern, abgetropft
100 g geriebener Emmentaler
Öl für die Form
2 EL Paniermehl
250 g Cocktailtomaten
20 entsteinte schwarze Oliven
frische Majoran- oder Basilikumblättchen

> Reis garen und anschließend abkühlen lassen. Das Hackfleisch in eine große Schüssel füllen.

> Zwiebel und Knoblauch schälen und fein würfeln. Zusammen mit dem Ei zum Fleisch geben, würzen und alles gut miteinander verkneten.

> Kapern, den geriebenen Käse und den Reis untermengen. Eine rechteckige Backform von ca. 20 x 24 cm fetten, den Reis-Fleisch-Teig einfüllen, glatt streichen und mit Paniermehl bestreuen. In den auf 220 Grad vorgeheizten Backofen schieben und ca. 25 Minuten backen.

> Herausnehmen, abkühlen lassen und dann in ca. 3 cm große Würfel schneiden.

> Die Hälfte der Würfel mit gewaschenen Cocktailtomaten, die restlichen Würfel mit Oliven auf Spießchen oder Zahnstocher stecken. Jeden Spieß mit 1 Kräuterblättchen garnieren.

> Nährwerte pro Stück:
53 kcal, 222 kJ, 3 g EW,
3 g F, 3 g KH

Als Dip dazu passt z.B. eine sauer-scharfe oder süß-saure Chilisoße. Zum Transport können Sie die Würfel wieder zurück in die gespülte Auflaufform geben oder in einer verschließbaren Dose verstauen.

Paprika mit Schafskäsefüllung [schnell und lecker]

FÜR CA. 25 STÜCK:

5 Paprikaschoten
(grün, gelb, rot)
500 g Feta
3 Knoblauchzehen
Salz
schwarzer Pfeffer
Kräuter der Provence

> Paprika halbieren, von Kernen und weißen Innenhäuten befreien und waschen. Die Hälften in ca. 3 cm breite Streifen schneiden.

> Feta in 2 cm große Würfel schneiden. Knoblauch schälen und pressen. Backofen auf 120 Grad vorheizen.

> Paprikastreifen mit Salz, Pfeffer, Knoblauch und Kräutern bestreuen. Je 1 Würfel Käse auf jeden Paprikastreifen legen. Zusammenklappen und mit einem Zahnstocher feststecken.

> Die gefüllten Paprikastreifen auf ein Backblech legen und im Ofen 30 Minuten überbacken.

> Nährwerte pro Stück:
54 kcal, 226 kJ, 4 g EW,
4 g F, 1 g KH

Basilikum-Ziegenfrischkäse-Muffins [Abb.]

> Muffinblech einfetten und in den Gefrierschrank stellen. Backofen auf 180 Grad vorheizen.

> Walnusskerne grob hacken. Basilikum waschen, trocken schütteln, Blättchen von den Stängeln zupfen und klein schneiden. Ziegenkäse in kleine Würfel schneiden.

> Mehl mit Backpulver mischen. In einer zweiten Schüssel Ei, Margarine, Pesto, Basilikum und Buttermilch mit den Quirlen des Handrührgerätes gut vermengen. Mehlmischung und Ziegenkäse unterrühren und Walnusskerne unterheben.

> Muffinmulden zu ca. 2/3 mit Teig füllen. Im vorgeheizten Backofen ca. 40 Minuten backen. Anschließend Muffins im Blech ca. 5 Minuten ruhen lassen, dann herausnehmen und auf ein Kuchengitter geben.

> Nährwerte pro Stück:
177 kcal, 737 kJ, 6 g EW
10 g F, 16 g KH

FÜR 12 STÜCK:

Fett für das Blech
50 g Walnusskerne
5 Stängel Basilikum
100 g Ziegenkäserolle
250 g Mehl
2 1/2 TL Backpulver
1 Ei
60 g Margarine
(z. B. von Rama)
2 TL grünes Pesto
250 g Buttermilch

Quiche mit Gemüse [französische Art]

> Das Mehl mit Butter in kleinen Stückchen, Quark und Salz zu Teig verkneten. In Folie gewickelt ca. 20 Minuten kühl stellen.

> Zwiebeln abziehen und in Streifen schneiden. Ingwer schälen, fein hacken. Brokkoli waschen den Strunk schälen, klein würfeln.

> Den Kopf in kleine Röschen zerteilen. Zwiebeln und Ingwer in Butter andünsten, Brokkolistücke und 1 Tasse Wasser hinzufügen. Zugedeckt 5 Minuten dünsten. Dann die Brokkoliröschen ca. 5 Minuten mitdünsten.

> Den Backofen vorheizen. Quicheform einfetten, mit Teig auslegen und einen Rand von 3 cm hochziehen. Teig mehrmals einstechen, auf der mittleren Schiene 10 Minuten vorbacken.

> Petersilie hacken, mit Eigelben und Crème fraîche verquirlen. Schinken würfeln und mit dem Käse unterrühren. Eiweiße mit etwas Salz steif schlagen und unterheben. Gemüse auf den Teig geben und Ei-Käse-Masse darauf verteilen.

> Die Quiche 25 – 30 Minuten backen. Danach auskühlen lassen. Zum Transport in der Form lassen und mit Frischhaltefolie abdecken.

> Nährwerte pro Stück:
514 kcal, 35 kJ, 23 g EW,
35 g F, 24 g KH

FÜR 12 STÜCKE:

200 g Dinkelvollkornmehl
100 g Butter, kalt
100 g Magerquark
Meersalz
250 g Zwiebeln
2 cm Ingwerwurzel
500 g Brokkoli
10 g Butter
Fett für die Form
1 Bd. Petersilie
2 Eier, getrennt
200 g Crème fraîche
100 g magerer Schinken
150 g Emmentaler, gerieben
Salz

Tortillahäppchen mit Pilzen [Abb.]

FÜR 8 PERSONEN:
800 g Kartoffeln, festkochend
5 EL Olivenöl
Salz
Pfeffer aus der Mühle
1 Zwiebel
500 g Champignons
6 Eier
1 Päckchen gemischte TK-Kräuter
Muskat
1 Stängel Petersilie

> Kartoffeln waschen, schälen und in dünne Scheiben hobeln. In Öl ca. 10 Minuten unter Wenden anbraten, zum Schluss salzen und pfeffern. Die Zwiebeln schälen, fein würfeln und dazugeben. Bei geringer Hitze ca. 5 Minuten weiter braten.

> Champignons mit einem Küchentuch abreiben, in feine Streifen schneiden. Ebenfalls in die Pfanne geben und dann ca. 5 Minuten mitbraten.

> Eier verquirlen und mit Salz und Pfeffer würzen. Aufgetaute Kräuter zugeben. Die Kartoffel-Pilz-Mischung aus der Pfanne nehmen und mit den Eiern mischen.

> Das Ganze wieder in die Pfanne geben und abgedeckt bei geringer Hitze 10 – 15 Minuten stocken lassen. Abkühlen lassen, anschließend in Stücke schneiden und mit Spießen versehen. Für den Transport in eine verschließbare Dose packen und erst kurz vor dem Verzehr mit Petersilie garnieren.

> Nährwerte pro Person:
214 kcal, 895 kJ, 10 g EW,
12 g F, 17 g KH

Käse-Kräuter-Hörnchen [knusprig]

FÜR 8 STÜCK:
1 Ei
250 g Mehl (Type 405, z. B. von Goldpuder)
2 TL Backpulver
125 g Magerquark
50 ml Milch, Salz
Mehl für die Arbeitsfläche
50 g getrocknete Tomaten in Öl
100 g Schafskäse
3 Stängel Petersilie
200 g Frischkäse
je $1/2$ TL getrockneter Thymian und Oregano
Pfeffer
50 g geriebener Käse

> Für den Teig das Ei trennen. In einer Schüssel das Mehl mit Backpulver vermischen. Eiweiß, Quark, Milch und etwas Salz zugeben. Alles zu einem glatten Teig verkneten.

> Teig auf einer bemehlten Fläche ausrollen (34 x 34 cm). Teig in 4 gleich große Quadrate teilen und jedes Quadrat diagonal halbieren.

> Für die Füllung getrocknete Tomaten abtropfen lassen. Mit dem Schafskäse klein würfeln. Petersilie abbrausen, trocken schütteln und hacken.

> Tomaten und Schafskäse mit Frischkäse mischen. Füllung mit Petersilie, Thymian und Oregano verfeinern. Käsecreme mit Salz und Pfeffer würzen.

> Creme auf den Teigecken verteilen, dabei einen ca. $1/2$ cm breiten Rand lassen. Dreiecke von der breiten Seite her zu Hörnchen aufrollen. Auf ein mit Backpapier ausgelegtes Blech legen.

> Ofen auf 200 Grad vorheizen. Hörnchen mit restlichem Eigelb bestreichen und mit geriebenem Käse bestreuen. Ca. 20 Minuten backen.

> Nährwerte pro Stück:
278 kcal, 1165 kJ, 13 g EW,
14 g F, 25 g KH

Picknick frisch vom Grill

Sommerzeit ist nicht nur Picknick-, sondern natürlich auch Grillzeit! Warum also nicht mal beides kombinieren? Denn eigentlich ist Grillen ja nichts anderes als ein Picknick – nur eben mit frisch gegrillten, heißen Leckereien.

Ob Minigrill, Einweggrill oder offene Feuerstelle mit Rost – ein Grillfeuer zu entfachen ist nicht schwer und ruckzuck brutzeln Würstchen, Gemüse & Co. vor sich hin. Einfach einen feuerungefährlichen Platz suchen (trockenes Gras und Laub vermeiden, am besten Untergrund aus Sand oder Erde wählen) und los geht's.

An ein paar Dinge sollten Sie für Ihr Grillpicknick außerdem denken: Wenn Sie keinen Einweggrill verwenden wollen, brauchen Sie auf jeden Fall Kohle und Grillanzünder. Nützlich ist auch eine Grillgabel oder -zange. Und natürlich leckere Grillzutaten nicht vergessen. Hier einige Anregungen:

Bunte Curryspieße

> 180 ml Ketchup (z. B. von Alnatura), 4 EL Sojasoße, 2 TL Honig, 2 EL Balsamico-Essig und 2 EL Sesamöl mit 2 TL Currypulver zu einer Marinade verrühren.

> 400 g Putenbrust, 1 gelbe Paprika und 1 große Zucchini in Würfel schneiden. 150 g Champignons putzen und halbieren. 1 rote Zwiebel achteln.

> Fleisch und Gemüse abwechselnd auf Holzspieße stecken. Mit der Marinade bepinseln und vor dem Grillen mindestens 1 Stunde ziehen lassen.

Statt Putenbrust können Sie auch festen Tofu verwenden.

Stockbrot

> 700 g Mehl in eine Schüssel sieben, in die Mitte eine Mulde drücken. 1 Würfel Hefe hineinbröseln, mit ca. 250 ml lauwarmem Wasser und 1 Prise Zucker verrühren. Zugedeckt 30 Minuten gehen lassen.

> 2 TL Salz dazugeben, zu einem Teig verkneten, bis dieser sich vom Schüsselrand löst, zugedeckt an einem warmen Ort 60 Minuten gehen lassen. Den Teig in 12 Stücke teilen und zum Transport in Frischhaltefolie einwickeln.

> Vor Ort den Teig zu ca. 30 cm langen Strängen formen. Diese spiralenförmig auf lange Stöcke wickeln und über der glühenden Holzkohle grillen. Öfter wenden.

Wiesenschmaus

> 8 Wiesenchampignons putzen und den Stiel entfernen.

> 200 g Kräuterfrischkäse glatt rühren und Champignons damit füllen. Mit jeweils 1–2 Scheiben Bacon umwickeln, zum Transport in einen verschließbaren Behälter legen und vor Ort knusprig grillen.

Maiskolben mit Chilibutter

> 150 g Butter mit ½ TL Salz cremig rühren. 2 rote Chilischoten waschen, entkernen und fein hacken. 1 TL rosa Pfefferkörner in einen Mörser geben und zerstoßen. 1 Handvoll gemischte Kräuter waschen, trocken schütteln und fein hacken, dabei die harten Stiele entfernen.

> Butter mit Kräutern, Chili und zerstoßenem Pfeffer gründlich vermengen, zu einer Rolle formen, in Frischhaltefolie einwickeln und kalt stellen.

> 8 vorgekochte Maiskolben vor dem Grillen mit etwas Olivenöl einpinseln und am Rand des Grillrosts 10–15 Minuten von allen Seiten grillen. Chilibutter in Scheiben schneiden und zu den heißen Maiskolben servieren.

Bratwurst-Kartoffel-Spieße

> 2 kleine Zwiebeln abziehen, halbieren und in Spalten schneiden. 12 kleine Bratwürste, 12 Kartoffeln, Zwiebelspalten sowie 12 Lorbeerblätter abwechselnd auf 4 Spieße stecken.

> 10 EL Olivenöl mit 4 EL gehackter Petersilie, Salz und frisch gemahlenem Pfeffer würzen. Die Spieße in eine verschließbare Dose legen, mit dem Gewürzöl bestreichen und Rosmarin darüber streuen.

Mandel-Kräuter-Dip

> 500 g Naturjoghurt, 150 g gestiftete und geröstete Mandeln, 5 EL gemischte Kräuter (z. B. eine Mischung aus Petersilie, Dill, Kerbel, Basilikum und Estragon), 1 gewürfelte Zwiebel, Salz und Pfeffer verrühren. Transportsicher verpacken.

Passt hervorragend als Dip zu gegrilltem Fleisch oder Gemüse, aber auch zu frischen Gemüsesticks.

Zucchinibällchen am Spieß [eine ganze Mahlzeit]

FÜR 12 SPIESSE:

1 Zucchini (ca. 350 g)
Salz
1/2 Zwiebel
1 Bd. Petersilie, gehackt
30 g Butter
1 Ei
80 g Blütenzarte Haferflocken
50 g Emmentaler, gerieben
1 EL Dillspitzen, gehackt
Pfeffer
Blütenzarte Haferflocken zum Panieren
Pflanzenöl zum Braten

1/2 Salatgurke
1 Karotte
1/2 Kohlrabi
1 gelbe Paprika
150 g Cocktailtomaten
frische Petersilie
frischer Dill

> Zucchini waschen, putzen und in dünne Scheiben schneiden. Scheiben auf einem Brett ausbreiten und mit Salz bestreuen. Einige Minuten ziehen lassen.

> Herausgetretenes Wasser auf den Zucchini mit Küchenpapier abtupfen. Scheiben umdrehen und den Vorgang wiederholen. Dann in wenig Wasser ca. 6 Minuten dünsten.

> Zwiebel abziehen und fein würfeln. Gedünstete Zucchinischeiben abtropfen lassen. Beides in einen Standmixer geben. Petersilie hinzugeben und pürieren.

> Butter in Stückchen unter das Püree mischen. Ei, Haferflocken, Emmentaler und Dill unterrühren. Das Ganze mit Pfeffer und Salz abschmecken, dann den Teig 10 Minuten ruhen lassen.

> Ca. 2 cm dicke Teigbällchen formen und diese in Haferflocken wenden. In heißem Öl von allen Seiten braun braten. Immer wieder wenden.

> Restliches Gemüse waschen und putzen, dann in mundgerechte Stücke schneiden und abwechselnd mit den Kräutern (Dill, Petersilie) sowie gebratenen Zucchinibällchen auf Schaschlikspieße ziehen.

> An den Enden ein Stück Karotte oder Kohlrabi anbringen, damit die anderen Zutaten nicht herunterfallen. Für den Transport in fest verschließbare Dosen verpacken.

> Nährwerte pro Spieß:
115 kcal, 480 kJ, 4 g EW, 7 g F, 9 g KH

Jeder hat seine Favoriten – natürlich können Sie Bällchen und Spieße auch mit anderen Gemüsesorten zubereiten.

Die Spieße schmecken lecker mit frischen Dips, z. B. mit Kräuterquark.

Datteln im Speckmantel mit Kartoffeldip [ein Genuss]

FÜR 6 PERSONEN:

4 kleine Kartoffeln
2 – 3 Knoblauchzehen
5 EL Olivenöl
2 EL Zitronensaft
5 EL Gemüsebrühe
Salz
Pfeffer
15 Scheiben Frühstücksspeck
30 getrocknete Datteln
Petersilie zum Garnieren

> Für den Dip die Kartoffeln waschen, in einen Topf geben und mit Schale ca. 20 Minuten garen.

> Knoblauch schälen und pressen. Kartoffeln abgießen, abschrecken, noch heiß pellen und mit einem Kartoffelstampfer zerdrücken. Mit Knoblauch, Olivenöl, Zitronensaft und Brühe verrühren, mit Salz und Pfeffer pikant abschmecken.

> Für die Datteln den Frühstücksspeck der Länge nach halbieren. Datteln der Länge nach aufschlitzen, ohne sie auseinander zu schneiden. Kerne entfernen, Früchte mit jeweils 1/2 Scheibe Speck umwickeln und in einer Pfanne ohne Fett anbraten.

> Jeweils einen Zahnstocher in die Datteln stecken. Zum Auskühlen und Transport in eine Auflaufform oder ein anderes Gefäß setzen. Mit dem Dip servieren.

> Nährwerte pro Person:
312 kcal, 1307 kJ, 8 g EW, 21 g F, 22 g KH

Frittata mit Ziegenfrischkäse und Tomaten [köstlich]

FÜR 1 KASTENFORM (15 X 8 CM):

80 g Ziegenkäse
100 g Spinat
Salz
2 EL Ziegenfrischkäse
1 Eiweiß
6 Eier
4 EL Sahne
Pfeffer
Butter für die Form
Für die Garnitur:
Cocktailtomaten
Schnittlauch

> Ziegenkäse in kleine Würfel schneiden. Spinat waschen, putzen, verlesen und tropfnass in wenig kochendem Salzwasser zusammenfallen lassen.

> Spinat abgießen, abschrecken und abtropfen lassen. Dann ausdrücken, fein hacken, mit dem Ziegenfrischkäse und dem Eiweiß vermischen.

> Eier mit Sahne verquirlen und mit Salz und Pfeffer würzen. Kastenform mit Butter dünn ausfetten. Spinat-Käse-Gemisch in die Kastenform geben und mit der Eiermasse auffüllen.

> Im Backofen bei 140 Grad backen, bis das Ei stockt. Bei zu starker Bräunung abdecken.

> Abkühlen lassen, aus der Form lösen und in Scheiben schneiden. In eine verschließbare Box legen und mit Cocktailtomaten und Schnittlauch garnieren.

> Nährwerte pro Person:
169 kcal, 707 kJ, 14 g EW, 12 g F, 2 g KH

Süßes & Drinks

JUNGE KÜCHE

Mandelplätzchen [Abb.]

> Butter, Zucker und Ei schaumig rühren, dann Mandeln, Haferflocken, Mehl und Backpulver dazugeben und gut durcharbeiten.

> Backofen auf 200 Grad vorheizen. Mit dem Teelöffel nicht zu dicht nebeneinander kleine Häufchen auf ein mit Backpapier ausgelegtes Blech setzen und diese mit dem Löffel flach drücken.

> Das Backblech in den vorgeheizten Ofen schieben und darin ca. 15 Minuten backen. Danach auskühlen lassen und vor dem Servieren mit Puderzucker bestreuen.

> Nährwerte pro Stück:
81 kcal, 338 kJ, 1 g EW,
8 g F, 5 g KH

FÜR 35 STÜCK:

125 g Butter
150 g Zucker
1 Ei
75 g gehackte Mandeln
125 g blütenzarte Haferflocken
60 g Weizenmehl (Type 405)
1 TL Backpulver

Rhabarber-Baiser-Muffins [unwiderstehlich]

> Die Rhabarberstängel waschen, schälen und in ½ cm dicke Stücke schneiden. Mit etwas Mehl bestäuben. Backofen auf 180 Grad vorheizen.

> Weiche Butter, Zucker und Vanillezucker in einer Schüssel mit dem Schneebesen schaumig rühren. Salz, Milch, Orangenschale sowie -saft hinzufügen. Eigelbe nach und nach unterrühren.

> Mehl, Mandeln und Backpulver mischen und zügig unter den Teig rühren. Rhabarberstückchen unterheben. Amarettini in einen Gefrierbeutel geben und mit einem Nudelholz fein zerbröseln.

> Muffinform einfetten und mit einem Teil der Amarettinikrümel ausstreuen. Dann den Teig in die Mulden füllen und im Ofen auf der mittleren Schiene 20 Minuten backen.

> Eiweiß steif schlagen, Puderzucker und restliche Amarettinikrümel einrieseln lassen.

> Muffins aus dem Ofen nehmen, Eiweißmasse auf den Muffins verteilen und weitere 10 Minuten backen. Dabei darauf achten, dass die Baisermasse nicht zu dunkel wird.

> Muffins aus dem Backofen nehmen. Im Blech 5 Minuten ruhen lassen, dann aus der Form lösen und vollständig abkühlen lassen.

> Nährwerte pro Stück:
270 kcal, 1130 kJ, 5 g EW,
16 g F, 28 g KH

FÜR 12 STÜCK:

200 g Rhabarber
Mehl zum Bestäuben
150 g Butter
100 g Rohrohrzucker (z. B. von Alnatura)
1 Päckchen Bourbon-Vanillezucker
1 Prise Salz
3 EL Milch
abgeriebene Schale von 1 Orange (unbehandelt)
2 EL Orangensaft
3 Eier, getrennt
200 g Weizenmehl (Type 1050)
50 g Mandeln, gemahlen
2 TL Weinsteinbackpulver
100 g Amarettini
Fett für die Form
2 EL Puderzucker

Obstsalat mit Vanillecreme [Abb.]

FÜR 4 PERSONEN:
40 g Haselnussblättchen
gemahlener Zimt
4 – 6 Orangen (1,5 kg)
1 reife Ogen- oder Netzmelone (ca. 1 kg)
250 g Himbeeren
300 g Joghurt
300 g saure Sahne
etwas flüssiges Vanillearoma
4 TL Honig
2 TL Zitronensaft

> Die Haselnussblättchen in einer beschichteten Pfanne ohne Fett goldbraun rösten. Mit Zimt bestäuben, mischen und auf einem Teller abkühlen lassen.

> Die Orangen gründlich schälen, dabei die weiße Haut entfernen. Die Orangenfilets mit einem scharfen Messer zwischen den Trennhäuten herausschneiden.

> Die Melone entkernen, in Spalten schneiden, schälen und in mundgerechte Stücke schneiden. Die Himbeeren, wenn nötig, vorsichtig waschen und gut abtropfen lassen.

> Joghurt, saure Sahne, Vanillearoma, Honig und Zitronensaft glatt rühren. Die Vanillecreme in ein verschließbares Gefäß füllen.

> Orangen, Melone und Himbeeren vorsichtig mischen und ebenfalls in ein verschließbares Gefäß füllen. Haselnussblättchen extra verpacken. Kurz vor dem Essen das Obst anrichten, die Vanillecreme darüber verteilen und mit Haselnussblättchen bestreuen.

> Nährwerte pro Person:
591 kcal, 2473 kJ, 12 g EW,
24 g F, 75 g KH

Bananen-Schoko-Würfel [einfach gut]

FÜR 30 STÜCK:
80 g Zartbitterschokolade
50 g Pecannüsse
4 sehr reife Bananen
4 Eiweiß
1 EL Grappa
160 g brauner Zucker
1 Päckchen Vanillinzucker
1/2 TL Zimt
240 g Haferkleie

> Schokolade grob hacken und im Wasserbad langsam schmelzen lassen. Backofen auf 200 Grad vorheizen. Eine ca. 30 x 25 cm große Backform mit Backpapier auslegen.

> Nüsse mit einem schweren Messer fein hacken. Bananen schälen und mit einer Gabel fein zerdrücken. Mit Schokolade, Nüssen, Eiweiß, Grappa, Zucker, Vanillinzucker und Zimt verrühren. Haferkleie unterrühren.

> Teig in der vorbereiteten Form verteilen und die Oberfläche glatt streichen. Bananen-Schoko-Masse 25 Minuten im Ofen auf der mittleren Schiene backen.

> Anschließend aus dem Backofen nehmen, abkühlen lassen und in Stücke schneiden. Transportsicher verpacken.

> Nährwerte pro Stück:
80 kcal, 330 kJ, 2 g EW,
3 g F, 12 g KH

Panna cotta mit Erdbeere [Abb.]

FÜR 4 PERSONEN:
500 g Sahne
40 g Zucker
1 Päckchen Vanillinzucker
4 Blatt weiße Gelatine
Für die Erdbeersoße:
150 g Erdbeeren
(frisch oder TK)
1 EL Puderzucker
Für die Garnitur:
frische Erdbeeren

> Sahne, Zucker und Vanillinzucker zum Kochen bringen und etwa 10 Minuten köcheln lassen.

> Gelatine in kaltem Wasser einweichen, ausdrücken und unter Rühren in der Sahne auflösen.

> Die Masse in Schraubgläser füllen und ca. 6 Stunden im Kühlschrank fest werden lassen.

> Erdbeeren waschen, trocken tupfen und im Mixer mit Puderzucker pürieren. Püree auf die Creme geben und Gläser vor dem Transport wieder gut verschließen. Vor Ort mit einer frischen Erdbeere garnieren und servieren.

> Nährwerte pro Person:
226 kcal, 946 kJ, 5 g EW,
5 g F, 22 g KH

Panna cotta ist auch mit frischen Himbeeren ein Genuss.

Chocolate-Chip-Cookies [sündig-schokoladig]

FÜR CA. 20 STÜCK:
100 g Butter, weich
50 g Zucker
100 g brauner Zucker
1 Ei
1 TL gemahlene Vanille
75 g gemahlene Mandeln
100 g Mehl
1 TL Backpulver
150 g Schokolade

> Backofen auf 180 Grad vorheizen. Backblech mit Backpapier auslegen. Butter mit Zucker und braunem Zucker schaumig rühren.

> Das Ei verquirlen und nach und nach unter die Butter-Zucker-Mischung rühren, dann Vanille dazugeben.

> Gemahlene Mandeln in einer beschichteten Pfanne kurz rösten. Etwas abkühlen lassen.

> Mehl, Mandeln und Backpulver vermischen und vorsichtig unter den Teig rühren. Schokolade hacken und die kleinen Stückchen unterheben. Mit einem Löffel Häufchen auf das Backblech setzen, etwas flach streichen.

> Die Cookies sollten eine Größe von 5 cm Durchmesser haben. Auf dem Blech ca. 5 cm Zwischenraum zwischen ihnen lassen. 10 – 12 Minuten backen. Auf dem Blech 5 Minuten abkühlen lassen. Dann herunternehmen und ganz auskühlen lassen.

> Nährwerte pro Stück:
150 kcal, 628 kJ, 2 g EW,
9 g F, 15 g KH

Lust auf mehr Vielfalt? Probieren Sie die Cookies auch mal mit weißer Schokolade und Macadamias aus.

Mini-Schokoladenkuchen [Abb.]

FÜR 8 STÜCK:

3 Eier
90 g Zucker
90 g Mehl
2 TL Backpulver
3 EL Kakao
Butter zum Fetten

> Eier trennen. Eiweiße mit 3 EL Wasser und Zucker steif schlagen. Die Eigelbe unterrühren, das gesiebte Mehl mit Backpulver und Kakao unter die Schaummasse heben.

> 8 Mini-Kastenformen (ca. 9 x 6 cm) leicht ausfetten. Den Teig auf die Kastenformen verteilen und im vorgeheizten Backofen bei 200 Grad ca. 10 Minuten backen.

> Die Kuchen auf einem Gitter kurz abkühlen lassen, aus der Form lösen und vollständig auskühlen lassen.

> Zum Frischhalten und Transportieren in eine Metalldose legen.

> Nährwerte pro Stück:
151 kcal, 632 kJ, 5 g EW,
6 g F, 20 g KH

Bestäuben Sie die Kuchen vor Ort leicht mit etwas Puderzucker.

Kiwi-Apfel-Kompott [fruchtig]

FÜR 4 PERSONEN:

2 Limetten (unbehandelt)
1 kg säuerliche Äpfel
4 EL Ahornsirup
300 ml Apfelsaft
1 ½ EL Speisestärke
6 Kiwis

> Limetten heiß waschen und abtrocknen. Schale fein abreiben, Saft auspressen.

> Äpfel vierteln, schälen und entkernen, quer in nicht zu feine Spalten schneiden und in einen breiten Topf geben.

> Limettenschale sowie -saft und Ahornsirup dazugeben. Zugedeckt bei mittlerer Hitze 3 Minuten dünsten.

> Apfelsaft mit Stärke glatt rühren, zu den Äpfeln gießen und alles unter Rühren noch 1 Minute leicht köcheln lassen.

> Anschließend vom Herd nehmen. Kiwis schälen, halbieren und in Scheiben schneiden. Vorsichtig unter die Äpfel mischen.

> Kompott in verschließbare Gläser füllen. Erkalten lassen und dann verschließen.

> Nährwerte pro Person:
63 kcal, 267 kJ, 0 g EW,
0 g F, 13 g KH

Servieren Sie zu diesem Kiwi-Apfel-Kompott Joghurt. Das macht dieses erfrischende Dessert komplett.

Kalter Apfeltee mit Minze [Abb.]

FÜR 4 PERSONEN:
2 Beutel Apfeltee
1 Handvoll Minzblätter
500 ml Apfelsaft
Für die Garnitur:
1 Apfel
1 Handvoll Minze

> Teebeutel und frische Minze in 500 ml kochendem Wasser ca. 7 Minuten ziehen lassen, durch ein feinmaschiges Sieb gießen und abkühlen lassen.

> Den kalten Apfeltee mit Apfelsaft mischen. Gut kühlen und zum Transport in eine Thermoskanne füllen.

> Zum Servieren gewaschenen Apfel vierteln und in dünne Scheiben schneiden. Die Apfelscheiben mit einigen frischen Minzblättern in Gläser geben und mit kaltem Apfeltee aufgießen.

> Nährwerte pro Person:
93 kcal, 398 kJ, 1g EW,
1 g F, 20 g KH

Am besten schmeckt der Apfel-Minz-Tee eiskalt. Servieren Sie das Getränk deshalb mit Eiswürfeln aus Apfelsaft.

Ingwer-Zitronen-Limonade [erfrischend]

FÜR 4 PERSONEN:
1 Stück frischer Ingwer (ca. 4 cm)
Saft und abgeriebene Schale von 1 Zitrone (unbehandelt)
2 EL Honig

> Ingwer waschen und mit Schale in dünne Scheibchen schneiden. Zitrone waschen, Schale abreiben und Saft auspressen.

> Ingwer und Zitronenschale mit 1 l Wasser aufkochen und ca. 15 Minuten leicht köcheln lassen.

> Etwas abkühlen lassen, dann durch ein Sieb gießen. Zitronensaft und Honig dazugeben und alles gut mischen.

> Vollständig abkühlen lassen. Die Limonade zum Transport in Flaschen abfüllen.

> Nährwerte pro Person:
58 kcal, 243 kJ, 1 g EW,
1 g F, 13 g KH

Im Herbst oder Winter schmeckt dieses Getränk auch als heißer Tee. Ingwer und Zitrone bringen Ihre Abwehrkräfte auf Vordermann!

Himbeer-Minz-Shake [Abb.]

FÜR 4 SHAKES:
400 g Himbeeren
2 EL Puderzucker
400 g Joghurtalternative natur (z. B. von Alpro soya)
50 ml Sojadrink mit Kalzium
2 TL Zitronensaft
2 EL brauner Zucker
6 Stängel frische Minze

> Himbeeren putzen, waschen und abtropfen lassen. 100 g Himbeeren mit 1 EL Puderzucker pürieren, beiseitestellen. Einige Himbeeren aufheben, restliche mit Joghurtalternative, Sojadrink, etwas Crushed Ice, Zitronensaft, 1 EL Puderzucker und braunem Zucker pürieren.

> Minze waschen, trocken tupfen und 4 Stängel beiseitestellen. Blätter der restlichen Stängel abzupfen, klein schneiden, unter die Himbeer-Joghurt-Masse rühren und alles kalt stellen.

> Himbeerpüree am Innenrand der Gläser hinunterlaufen lassen, Himbeer-Joghurt-Masse daraufgeben und die Shakes mit Himbeeren und Minzestängeln garnieren.

> Nährwerte pro Shake:
134 kcal, 563 kJ, 6 g EW
3 g F, 19 g KH

Können Sie von fruchtiger Süße nicht genug bekommen? Dann verfeinern Sie dieses Rezept mit einem Schuss Rosenwasser. Das gibt dem Ganzen eine exotischere Note.

Litschidrink [asiatisch]

FÜR 4 DRINKS:
400 g Litschis
800 ml Kombucha
400 ml Bitter Lemon
1 Chilischote

> Litschis schälen, Kerne entfernen und die Hälfte der Früchte im Mixer pürieren. Dieses Fruchtmark mit Kombucha und Bitter Lemon aufgießen und alles gut miteinander mischen.

> Die Chilischote sehr fein hacken und dazugeben. Die restlichen Litschis ebenfalls hinzufügen. Den Drink mit Eiswürfeln in Thermoskannen füllen.

> Nährwerte pro Drink:
82 kcal, 343 kJ, 1 g EW,
1 g F, 17 g KH

Wenn die Zeit mal nicht zum Schälen und Entkernen der Litschis reicht, können Sie auch auf Dosenfrüchte zurückgreifen.

Erdbeer-Melonen-Smoothie

FÜR 4 DRINKS:

800 g Erdbeeren
200 g Honigmelone
4 Saftorangen
4 EL Crème fraîche

[fruchtiges Vergnügen]

> Erdbeeren waschen, putzen und klein schneiden. Honigmelone vierteln, entkernen, Fruchtfleisch von der Schale lösen und in Stücke schneiden. Orangen auspressen.

> Fruchtstücke mit Orangensaft im Mixer pürieren. Drink auf Gläser verteilen, jeweils 1 EL Crème fraîche daraufgeben und nach Wunsch mit einem Holzstäbchen zum Umrühren servieren.

> Nährwerte pro Drink:
165 kcal, 692 kJ, 4 g EW,
4 g F, 25 g KH

Wassermelonendrink [löscht den Durst]

FÜR 4 DRINKS:

800 g Wassermelone
4 Limetten (unbehandelt)
Apfelsaft zum Auffüllen
Minze zum Garnieren

> Wassermelone zuerst halbieren, dann achteln und weitgehend entkernen. Fruchtfleisch von der Schale lösen und in kleine Stücke schneiden. Die Wassermelonenstücke in einem Mixer pürieren oder entsaften.

> Limetten heiß waschen, 3 Limetten auspressen, die Schale großzügig in breiten Streifen abnehmen. Restliche Limette in Spalten schneiden.

> Wassermelonen- und Limettensaft mit Eiswürfeln in eine Thermoskanne geben. Diese nicht ganz voll machen, sondern lieber 2 Kannen verwenden. Gut mischen und mit Apfelsaft auffüllen, sodass man auf etwa 1 l Flüssigkeit kommt.

> Limettenschalenstreifen, Limettenspalten und Minze separat verpacken. Vor dem Servieren die Streifen in die Gläser oder Becher geben und mit den Limettenspalten sowie der Minze dekorieren.

> Nährwerte pro Drink:
135 kcal, 567 kJ, 2 g EW,
2 g F, 21 g KH

Wassermelonen sind wegen ihres hohen Wasser- und geringen Zuckergehaltes als Durstlöscher ideal. Besonders im Sommer erfrischt dieser Cocktail die Sinne.

Bild- und Textquellen

Titelbild vorne: StockFood; hinten von links nach rechts: Alnatura, Almond Board of California, reis-fit
Inhalt: Almond Board of California: 5, 7, 61 o.; Alnatura: 23, 60 o.; Alpro soya: 77; Fotolia.com: Giovani 14 l., George Dolgikh 14 r., Jason Stitt 15 l., Monika Adamczyk 15 r.; Holz/Südwest Verlag: 16, 21, 27; Kikkoman Trading Europe GmbH: 35, 39; Köllnflocken: 53, 63, 66; Norwegian Seafood Export Council: 11; Plewinski/Südwest Verlag: 33; Président: 28; Rama: 56; reis-fit: 55; Smend/Südwest Verlag: 46, 69; StockFood: 9, 13, 19, 25, 31, 41, 43, 45, 49, 51, 59, 60 u., 61 u., 65, 71, 73, 75; The Food Professionals Köhnen: 37